Harf-e-Mohabbat

Jahan alfaaz bhi mohabbat karte hain

Tejasvi Madan

BookLeaf Publishing

India | USA | UK

Made with ❤ on the BookLeaf Publishing Platform
www.bookleafpub.in
www.bookleafpub.com

Dedication

For those who still believe in love as it was always meant
to be — steadfast, selfless, and enduring.
For those who cherish love not as a fleeting sensation,
but as a sacred vow that transcends time.

This book is for the hearts that understand:
Love is profound,
Love is pure,
Love is everything.

These are my *Harf-e-Mohabbat* to you.

Preface

Love wears many faces. It is tender and fleeting, fierce and unyielding, sacred and eternal. It breaks us, heals us, teaches us, and sometimes leaves us wondering if we will ever recover.

Harf-e-Mohabbat is a journey through these faces — the ache of incomplete love, the innocence and wonder of first love, the quiet power of a love that is whole, the unconditional embrace of a mother, and the transcendence of love in its most divine form.

These poems are born from experience, observation, and reflection. They speak to the heart that has known hurt and joy, doubt and faith, longing and fulfilment. Each verse is a glimpse into the many ways love shapes us, challenges us, and ultimately defines us.

This book is for the souls who still dare to love deeply, who seek meaning beyond the superficial, and who believe that every form of love — human or divine — carries a lesson, a story, a truth.
May these *Harf-e-Mohabbat* accompany you, touch you, and remind you that love, in all its forms, is the most profound journey we undertake.

Acknowledgements

Every word in this book carries a fragment of my heart, and no journey of expression is ever truly solitary.

I am deeply grateful to those who have loved, hurt, inspired, and guided me — for without your presence, absence, and lessons, these poems would not exist.

To my family, whose unwavering love and support have been my foundation, thank you for reminding me of the quiet, enduring power of love.

To the readers who dare to feel deeply, who seek meaning in every emotion, and who carry the courage to embrace love in all its forms — this book is for you.

And above all, to the invisible hands of the universe, for teaching me that love, in all its manifestations — human, maternal, and divine — shapes us, sustains us, and redeems us.

With gratitude,
Tejasvi Madan

Mere Jeene Ki Wajah

Hakeekat nahi, khwab lagta hai,
Vo ajnabi na jaane kyun apna sa lagta hai.
Pehli dafa jab use dekha, to laga jaise chaand zameen par utar aaya hai,
Mukammal hogi meri mohabbat, kyunki Khuda hi khud tujhe mere liye laya hai.

Jab kiya use maine apne pyaar ka izhaar,
Kaha usne ki, "Na kar paunga main is mohabbat ko sweekar."
Muskurake maine bhi kaha, "Humne to aapko apni jaan di hai, janam,
Ab to zindagi bhar rahega aapka intezaar."

Aakhir hawaon mein ek nasha sa jhalka,
Uski pyaari baaton se main muskurayi halka.
Keh di usne bhi mujhse apne dil ki baat,
Ki khayalon mein khoya rehta hoon tere shaam, savere, aur raat.

Meri aadat nahi, vo meri zaroorat ban gaya,
Meri berang zindagi mein vo apne pyaar ke rang bhar gaya,
Mujhe hasna hi nahi, jeena seekha gaya,
Main uski aankhon ka noor, aur vo meri dil ki dhadkan ban gaya.

Dil ke kareeb par aankhon se door tha,
Tere aansu nahi ponch saki, kyunki is faasle ne kiya mujhe majboor tha.
Tera seena samajh, takiye ko gale laga leti thi,
Tujhse milne ki khushi se main apni tanhai se lad leti thi.

Hamari pehli mulaqat mere dil ke sabse kareeb hai,
Tujhe apna banaakar ye pagli khushnaseeb hai.
Jee chaha raha tha ki us pal ko wahi thaam lu,
Tujhe apni palkon par saja lu, aur baahon mein sama lu.

Agar haathon mein ho tera haath, to har pal yaadgaar hoga,
Tere hothon ki hansi aur hamara khud ka ek chhota sa sansaar hoga.
Ab to intezaar us pal ka hai, jab meri har saans par,
Aur meri maang mein, bas tere naam ka sindoor hoga.

Tu hai

Meri har subah ki kiran, tu hai;
Is dil ki dhadkan ki wajah, tu hai.
Mere pehle ishq ka nasha, tu hai;
Jo gham mein bhi khushi ka ehsaas de,
Woh lazzat, tu hai.
Is nacheez ko aashiq banane wala, tu hai;
Jise dekhkar mah-e-tabaan bhi sharma jaye,
Aisa haseen, tu hai.
Mere har dard ka marham bhi, tu hai;
Is chehre ki muskan ki wajah, tu hai.
Mere chehre ka chamakta noor, tu hai;
Khuda ka banaya hoor, tu hai.
Khuda se maangi hui har dua, tu hai;
Jiske aage Khuda bhi apna sar jhukaaye,
Aisi jannat, tu hai.

Aks-e-Haqeeqat

Log kehte hain, pyaar ka rang sabse nayab hai,
Par aaj us rang mein bhi sirf milawat ka shabaab hai.

Jahan kabhi aashiq ki mohabbat ka maqsad tha sirf mohabbat,
Aaj wahi aashiq ishq nahi, jism se karta hai sauda-e-bewafaiyat.

Jahan kabhi aashiq ne silsila-e-hijr ko apna humsafar chuna,
Aaj usi aashiq ne har bazaar mein naya ishq buna.

Aaj hum kuch aise daur mein hain, jahan dhoke, bewafai, aur fareb ko azaadi ka naam diya jaata hai,
Aur ruhani mohabbat karne wale aashiq ko neelam saare bazaar mein kiya jaata hai.

To mohabbat ke yaaro zara gaur se sunna,

Apna aashiq zara soch kar chunna.
Is baar mashooq ke dil ki nahi, apni dil ki hifazat karna,
Warna dard-e-dil ke saath, is baar aasan hi hoga marna.

Jaan-e-Tamanna

Ye dil sirf tumhaara deedar karna jaanta hai,
Main tere bina kuch nahi hoon,
Kyunki ye duniya sirf mujhe,
Tumhaare pyaar se pehchaanta hai.

Mere dil mein bas tumhaari hi tasveer basti hai,
Tumhaari muskurahat se hi ye pagli hasti hai.
Dukh mein bhi jo rahat de,
Aisi teri pyaar ki kashti hai.

Meri aankhon ka noor,
Aur hothon ki hasi,
Sab tumhaari badaulat hai.
Tumhaara saath aur tumhari mohabbat,
Mere liye duniya ki sabse badi daulat hai.

Main tumhaari hoon,
Aur meri har saans tumhaari hai.

Tumse kaise door jaa sakti hoon, janab?
Tum hi to ho, jisne meri zindagi sawaari hai.

5. Mujhe Kho Doge

Bohot dard de diya tune aur bohot dard seh liya maine
Tujhe apne banane ki koshish me apna sab kuch Kho diya mein

Log kehte hai pyaar mein vo nasha hai jo koi mehkhana na de sake
Par janaab is zakhme- e - dil ka marz koi dawakhana na de sake

Na tu meri wafa samajh saka aur na samajh saka meri ahamiyat
Pyar ka jhootha wada dekar , tere shabdon ne Dikha di mujhe meri haisiyat

Honthon ki hasi mangi thi aur mile sirf khoon ke ashq
Mere na hone ka gham nahi jashn manata tha , kuch aisa ajeeb tha vo shaksh

Hatheli par apna dil rakhne wali ko ek din kho doge

Yaad rakhna meri jaan , ek din aasuon ki gali mein
mujhe dhundoge

Pyaar Ki Pehchaan

Tujhe dekhti hoon to lagta hai,
Jaise dobara khud ko paaya hai.
Tu wahi hasi aur muskurahat,
Phir se mere hothon par laaya hai.

Tera pyaar mere dil mein is kadar samaya hai,
Ki jab main chalti hoon,
To tu chalta saath mere,
Bankar mera saaya hai.

Heere-motiyon ki keemat kuch nahi,
Tere aage.
Tu to bhagwaan ki vo sundar tasveer hai,
Jiske bina mera man soona laage.

Teri hasi ke liye,
Duniya se lad sakti hoon.
Tu hukum kare to,
Tere kadmon mein apni jaan rakh sakti hoon.

Kismat Ki Saazish

Shayad main pyaar ke qabil nahi hoon,
Tabhi shayad, main mohabbat ke saahil se
Pyaasi hi guzar jaati hoon.

Kisi aur ko dukhi dekhkar,
Meri aankhein nam ho jaati hain;
Phir kyun mere aansuon mein,
Meri zindagi akeli tham jaati hai?

Aaj bhi agar toot jaun,
To khushi se khud ko sambhal leti hoon.
Guroor karne walon ka hi kyun
Zindagi saath deti hai?
Ye khud se sawal karti hoon.

Aaj bhi apni wohi,
Khoi hui hasi dekhne ki guzarish karti hoon.
Kismat ka khel dekho yaaro,
Bhagwan ki rachai is saazish mein,
Hamesha haar jaati hoon.

Ek Tarfa Safar

Meri baat ka koi aitbaar nahi karta,
Aur jisse de chuki hoon dil, vo mujhe pyaar nahi karta.
Khair, ek-tarfa pyaar ki takat hi kuch aur hai,
Janab, ye jaam-e-ishq ka apna hi daur hai.

Kya tareef karun teri, tujhe dekh kar to chand bhi sharma jata hai,
Bas kahin tujhe meri hi nazar na lag jaye, is soch se dil ghabra jata hai.

Jee chahta hai, tujhe apni palkon par saja loon,
Tere saath guzre har pal ko bas wahi thaam loon.

Haan, jaanti hoon... is kahani ko kitaab hone ki ho chuki hai galat fehmi,
Tujhse door jaane ke dar se hi ho jati hoon main sehmi-sehmi.

Saalon baad bhi yaad aaye to laut aana,

Ghabrana mat... safai nahi mangungi,
Bas is toote hue dil ko phir se pyaar karna sikha jaana.

Ishq Ka Paigham

Dukhi aur khaufzada rehti thi,
Sacchi mohabbat ke baare mein sirf kahaniyon mein sunti thi.
Par na thi khabar, ke zindagi yun hairaan kar jayegi,
Ke teri mojoodgi hi mujhe phir se jeena sikha jayegi.

Tere is ishq ke paigham ne
Mere har manzar ko roshan kar diya.
Mere har dard ka marz bankar,
Tune ae jaanam, mera jeena aasaan kar diya.

Tujh par aane wali har museebat
Mujhe mil jaye,
Tu sada rahe khush
Aur meri bhi umr tujhe lag jaye.

Dhan ya daulat ke peeche to sab bhagte hain, janaab,
Hum to bas har dum yahi dua karte hain,
Ke zindagi bhar ke liye tera saath
Aur tere qadmon ki wafa mil jaye.

Adhuri Mohabbat ka Fasana

To doston, khoon ke qatro se likha gaya mere ishq ka fasana,
Adhuri si reh gayi meri mohabbat jiska charcha karta tha sara zamana.

Uski rukhsati ne meri duniya andheri kar di,
Har rah tanha, har saans besahara kar di.

Hum to aaj bhi us hasi ki pakeezgi par marte hain,
Par pee chuke gham ke kai jaam, ki ab us ishq ke saaye se bhi darte hain.

Jiske saath maine apni nikah ke sapne sajaye the,
Aaj wahi mashooq apni mohabbat ke saath meri qabr par phoolon ki chadar odhne aaye the.

Mohabbat ka Mujrim

Meri mohabbat ki sunwai mein khud qazi har baitha,
Kaha usne ki Usse kya saza dena jo khud kabhi adalat-e-mohabbat se rihai nahi chahta

Dil ka muqaddama tha, aur saza thi sirf uski khamoshi ka saaya.
Tune mutalim-e-mohabbat bankar, ae zalim, Ye kaise dhong rachaya

Tu tha kisi aur ki bahon mein phir ilzam bewafai ka kyu mujhpar lagaya
Mukaddar ka aisa khel dekhar , dard ne mughe hi mujrim banaya.

Maa

Kayanat ka sabse khoobsurat karishma jo hai,
Bhagwaan ke roop mein sada raksha karti vo hai.

Suraj ki kirano ki tarah, pure jag mein roshni vo phelaaye,
Ho jaate saare dukh door, jab vo pyaar se chehra humara sehlaaye.

Hai jiski charano mein jannat,
Apne bachhe ki khushiyon ki sada karti vo mannat.

Jo deti humara, humari kaamyabi mein saath hai,
Vahi sikhlaati ki de sakte hum bure waqt ko bhi maat hai.

Jo hamaare dukh mein khud dukhi ho jaaye,
Aur hamari ek hasi ke liye, poori duniya se lad jaaye.

Hote jab beemar hum, to jaagti vo saari raat hai,
Duniya hoon main uski, kehti uski har ek baat hai.

Sikhaya jisne chalna, banna uski laathi hai,
Diya tune khoob saath, ab bana tera saathi hai.

Ishq Ki Gali

Hazaaron aaye ishq ki gali mein,
Par tumsa haseen koi na tha.
Aapko paakar yun lagta hai,
Mujhse zyada khushnaseeb koi na tha.

Dil mein tum apni jagah bana gaye,
Meri dil ki dhadkan hi nahi,
Meri jeene ki wajah ban gaye.
Jaam-e-nazar teri qatilana hai,
Sirf main hi nahi,
Tera to poora sheher deewana hai.

Bas tera pyaar aur tera saath chahiye,
Hathon mein tera haath,
Aur maang mein tere naam ka sindoor chahiye.

Mumtaz-e-Dil

Teri jheel-si aankhon mein doobna chahti hoon,
Teri baahon mein khona chahti hoon.

Teri hansi ko dekh, madhosh ho jaati hoon,
Teri yaad mein, khamosh ho jaati hoon.

Teri hansi ki wajah banna chahti hoon,
Tere sharab ka nasha banna chahti hoon.

Teri kamzori nahi, teri taaqat banna chahti hoon,
Tere har dard ko rahat dena chahti hoon.

Tere pyaar ka ehsaas banna chahti hoon,
Tu agar Shah Jahan, to main teri Mumtaz banna chahti hoon.

15.

Kaise Batau

Kaise batau, ki toot chuki hoon,
Majboor hoon, aur dard mein choor ho chuki hoon.

Aye Khuda, sun le meri raza,
Kyunki phir dhoka khane se main darti hoon.

Jisne diya itna dard,
Kyun phir main aaj bhi usi pe hi marti hoon?

Kaise batau usse, ki uski baatein mujhe chubti hain,
Aur ho chuki main kamzor hoon.
Main ab vo khilta hua gulab nahi,
Par ek ghamon ki kahani hoon.

Saltanat-e-Mohabbat

Tere aane se pathhar mein nahi, tujh hi mein rab ko
paaya hai,
Tere saath se hi maine har bure waqt ka naya savera
paaya hai.
Log milte honge qismat se, par meri to qismat hi tum ho.
Jaanam, humne apni poori qayant ko aapke kadmon
mein sajaaya hai.

Tumne mujhe Saltanat-e-Mohabbat ki rani banaya hai,

Mere Shiv- Mere Pita

Gangadharay, Vishveshwaray, Shiv Shankar tum ho,
Trinetra dhari, Kailasho ke vaasi, Haye Shiv, mere jeevan ka aadhar tum ho.

Tumhari aradhana mein khokar, maine jeevan ka naya saar paya hai,
Arth kya, nirarth kya, mera sab tumhi mein samaya hai.

Udaasi ka saaya lekar , tune mujhe sabr ka paath pathaya hai
Har aansu ko apni aankhon mein samet kar, mahadev ne mujhe apni god mein sulaya hai

www.ingramcontent.com/pod-product-compliance
Lightning Source LLC
LaVergne TN
LVHW022032200926
848481LV00007B/2658
* 9 7 9 8 9 0 0 8 1 1 8 0 2 *